Lb 2654.

UN MOT

SUR LA NÉCESSITÉ ET LES MOYENS

D'ORGANISER FORTEMENT

LA

PRESSE GOUVERNEMENTALE,

PAR E. DÉRAINS.

PARIS

LIBRAIRIE DÉNAIN,

ÉDITEUR DU DICTIONNAIRE DES SCIENCES MATHÉMATIQUES ·
DE L'EXPÉDITION FRANÇAISE EN ÉGYPTE,
26, rue des Saints-Pères.

1837

IMPRIMERIE DE HENRI DUPUY, RUE LA DE MONNAIE, 11.

PROJET

DE

PRESSE GOUVERNEMENTALE

—

Je n'ignore point le sentiment peu flatteur qu'inspire généralement à ses concitoyens tout homme qui, comme moi, sans nom, et sans en avoir reçu le mandat de personne, se hasarde à donner son humble avis sur une grave question d'intérêt public ; mais la crainte du ridicule ne me contraindra point à taire une opinion que je crois bonne, et que je sais être réfléchie et désintéressée.

Quel est, et d'où vient le mal qui travaille aujourd'hui la société, et quel remède y apporter ?

Le mal consiste dans l'absence d'une suffisante autorité morale du gouvernement sur les citoyens.

Il dérive, à mes yeux, du moins en grande partie, de l'influence exagérée que les journaux de l'opposition, cette moderne et redoutable puissance, exercent sur l'opinion publique.

Le remède est dans la création d'une presse gouvernementale capable de tempérer cette influence funeste et d'en faire prédominer une autre plus bienfaisante.

Cette création est-elle possible? Je le pense. A quelles conditions? Je le dirai. Mais il importe auparavant de reprendre successivement et d'examiner en peu de mots chacune des propositions qui précèdent.

Je dis d'abord que le mal consiste dans le défaut d'autorité morale du gouvernement. Inutile d'insister beaucoup sur ce point. Il n'est ni contesté ni susceptible de l'être; il reçoit une trop éclatante démonstration — du nombre et de la puissance des partis qui divisent la France, — des obstacles continuels que le gouvernement rencontre dans sa marche, — des résistances sourdes qu'il est obligé de vaincre, — des agressions hardies qu'il est contraint de réprimer par les armes, — de l'insuffisance des nombreuses lois pénales que lui ont léguées les gouvernemens précédens, ou qu'il a lui-même établies, — de l'hostilité patente et scandaleuse que lui témoigne trop souvent le jury dans l'application de ces mêmes lois, — de la faveur populaire accordée aux libelles qui le dénigrent et l'outragent, — et enfin de l'anxiété qui règne de toutes parts, et dont il ne peut lui-même se défendre, sur les prochaines destinées du pays.

D'où provient cette faiblesse morale du gouvernement, cette défiance inquiète qu'il inspire à la plus grande partie des citoyens, cette haine violente que

lui porte un grand nombre ? Diverses causes concou-
rent à produire ce déplorable état de choses ; mais je
ne me propose de m'occuper ici que de l'une d'elles,
savoir, comme je l'ai déjà dit, l'influence excessive
de la presse périodique. Quant aux autres, je les
passerai sous silence, non qu'elles soint d'une moindre importance que celle-ci, mais parce qu'il est plus
difficile d'y porter remède et que le secours du temps
est surtout nécessaire à cet effet.

Je place, dis-je, au rang des principales causes de
l'affaiblissement graduel du pouvoir, et, par suite,
des malheurs qui en découlent, l'influence exorbi-
tante, l'action déréglée des feuilles de l'opposition,
et la tendance fatale qui les entraîne follement, les
unes à leur insu, les autres sciemment, à renverser
le gouvernement que leur devoir et leur véritable
intérêt seraient seulement d'éclairer.

Quel usage, en effet, font-elles de la force morale
qu'on les a laissé imprudemment acquérir et dont un
patriotisme éclairé et généreux pourrait tirer de si
admirables résultats ? Elles l'emploient uniquement,
exclusivement, à attaquer sans relâche le gouvernement, dans son principe, dans ses agens, dans ses actes. — *Dans son principe*, par des sophismes dont le
plus grand nombre des lecteurs est incapable d'appré-
cier la faiblesse, et qui, sans cesse reproduits, sous
toutes les formes et sans contradiction, ne peuvent
manquer à la longue de prendre crédit sur les esprits ;
dans ses agens, en les poursuivant d'odieuses calomnies, s'ils remplissent leurs devoirs avec courage, et en

leur offrant ; s'ils y manquent, la perspective de la popularité ; — *dans ses actes*, en les dénaturant avec une opiniâtre malveillance, une indéconcertable mauvaise foi, en les dépouillant de tout caractère moral et même légal, et en les présentant sans cesse comme inspirés par un esprit de réaction ou de tyrannie.

Devient-il nécessaire, pour simuler l'impartialité, d'excepter, par hasard, un des actes du gouvernement du blâme systématique qui les enveloppe tous ? Cet acte assurément lui a été arraché par la peur ou par quelque autre sentiment honteux. Il est convenu que rien de bon et de généreux ne peut émaner de la volonté libre et spontanée du pouvoir.

Que si l'aveugle esprit de dénigrement ne trouve pas une suffisante pâture dans les actes de l'autorité, il se rejette alors sur ses intentions présumées, sur ses prétendus projets. A la violence des accusations directes, succède la perfidie des insinuations odieuses. Toute nouvelle fabriquée par la calomnie, toute apparence fournie par le hasard, tout soupçon éclos dans le cerveau d'un fanatique, sont aussitôt transformés par la presse, en faits irrécusables, en délits flagrans, en monstrueux abus d'autorité, et servent chaque jour de prétexte aux déclamations violentes, aux provocations séditieuses. Nul ne sait mieux que les écrivains de l'opposition qu'il reste toujours quelque chose de la calomnie, et qu'elle est, suivant l'expression d'un vieux proverbe, un charbon qui noircit quand il ne brûle pas. Aussi, quelle rivalité de zèle ne mettent-ils pas à pratiquer la respectable maxime de Figaro !

Ne reculer devant aucune accusation, de quelque source qu'elle vienne et de quelque nature qu'elle soit; la rendre habilement la plus odieuse possible; l'articuler avec un aplomb qui, si elle est absurde, en déguise l'invraisemblance aux yeux inattentifs : tel est tout le secret de leur tactique. Nul ne rougit de l'employer, et moins que les autres, les pieux rédacteurs des journaux prétendus religieux.

Au milieu des clameurs dont il est assailli, le gouvernement qui ne répond le plus souvent à des accusations passionnées et retentissantes que par de froides dénégations, par des explications tardives et non entendues de la foule, le gouvernement, dis-je, ne peut manquer de perdre peu à peu toute force et tout ascendant moral. Il devient pour les uns un objet de défiance, pour les autres un objet de haine et de mépris. Le découragement s'empare du petit nombre d'adhérens qui lui reste. Et dans cet état de choses, la plus légère difficulté arrête sa marche, le moindre orage peut suffire à le renverser.

Aucune autorité, aucun pouvoir ne saurait évidemment résister, avec les seuls moyens de défense employés jusqu'ici, au système d'attaque persévéramment suivi par la presse de l'opposition. Un gouvernement assis sur de vieilles bases ne pourrait se maintenir à de telles conditions (témoin la Restauration); à plus forte raison un gouvernement né d'hier.

Le remède à l'action désorganisatrice de la presse opposante ne peut se trouver, je le pense, que dans l'établissement d'une presse gouvernementale capable d'amortir cette action et de lui en substituer une autre en sens inverse.

Ce remède est le seul efficace; la raison le dit, l'expérience le prouve; — la raison le dit, car il est bien évident que l'on ne peut combattre des doctrines que par d'autres doctrines, des calomnies que par des réfutations, des erreurs que par des vérités, des idées, en un mot, que par des idées. — L'expérience le prouve, car toutes les autres mesures employées jusqu'ici, à diverses époques, sont restées impuissantes. — Qu'a produit la censure? que produirait-elle, à plus forte raison, aujourd'hui, alors même qu'elle ne serait pas politiquement et légalement impossible? — Qu'ont produit les lois de septembre? Un moment d'effroi peut-être, mais voilà tout; et chacun sent qu'elles sont au moment de perdre toute vertu d'intimidation. — Qu'importe, en effet, la rigueur d'une loi quand celui qui doit l'appliquer a le pouvoir de l'énerver, et qu'il est sans cesse incité à user de ce pouvoir par les déclamations quotidiennes de journaux qui lui représentent cette loi comme immorale et despotique!

Mais en admettant même, ce qui n'est pas, que les lois de septembre puissent conserver leur efficacité; en admettant, ce qui ne sera pas non plus, que le jury comprenne et comprenne constamment la nécessité politique de n'en point éluder l'application; en admettant cela, je dis encore que ces lois sont radica-

lement insuffisantes pour produire le résultat qu'e\
attendaient leurs auteurs , savoir le maintien de la
constitution et de la dynastie actuelles.

Elles sont insuffisantes , parce qu'elles n'ont et ne
peuvent avoir qu'une force, si je puis parler ainsi, *négative*. Elles parviendraient sans doute, si leur exécution était possible , à soustraire la personne royale
à de grossiers outrages et la constitution à d'injurieux
mépris. Mais, outre que cela ne suffirait pas pour con-
férer à l'une et à l'autre une inviolabilité réelle , on
doit aisément concevoir que, pour assurer le maintien
d'une institution et d'une dynastie, il faut autre chose
que les faire craindre et respecter ; il faut d'abord et
surtout les faire aimer. Or, on m'accordera, je pense,
que le pouvoir d'une loi ne peut s'étendre jusque-là.

Quel est d'ailleurs l'objet des lois de septembre ?
Essaient-elles d'atténuer indistinctement la désas-
treuse action de toutes les feuilles de l'opposition ?
Non, elles ne s'appliquent et ne pouvaient s'appliquer
qu'aux feuilles de l'opposition *anti-constitutionnelle*.
Or, j'admire en vérité que l'on ne voie de dangers que
dans celles-ci, le lendemain d'une révolution que cel-
les-là seules ont préparée et opérée ! Est-ce que, pour
renverser Charles X et la charte de 1814, il n'a pas
suffi à la presse libérale de rester dans les termes
d'une opposition très-constitutionnelle ? Est-ce une
opposition républicaine ou orléaniste qui a produit ce
grand événement ?

On se préoccupe trop exclusivement des dangers ,
d'ailleurs très-réels, que présente l'opposition extra

légale, et pas assez, à beaucoup près, des périls, moins prochains peut-être, mais pourtant si redoutables, que ne peut manquer de faire naître une opposition purement constitutionnelle. On ne devrait jamais perdre de vue que celle-ci suffit seule et surabondamment pour affaiblir et déconsidérer rapidement les hommes et les institutions, et pour pénétrer les masses d'une fatale indifférence, que ne tarde pas à remplacer la haine.

La censure étant impossible, la législation de septembre impuissante, la presse, je le répète, est désormais la seule digue à opposer aux envahissemens menaçans de l'anarchie. Elle peut seule réparer les ravages qu'elle a faits. Instrument de trouble et de ruine aujourd'hui, elle peut être, elle sera infailliblement, dès qu'on saura le vouloir, le plus puissant moyen d'ordre et de réorganisation.

A la différence de la censure et des lois répressives qui n'ont, comme nous l'avons dit, qu'une vertu *négative*, si même elles en ont une, la presse exerce sur les esprits une action *positive*. Elle fait mieux que d'opposer un frêle obstacle à la manifestation d'idées coupables, elle les réfute et en fait justice; elle fait mieux que de commander inutilement le silence aux mauvaises doctrines, elle en répand de bonnes; elle fait mieux que de sévir contre les sectateurs d'erreurs dangereuses, elle les ramène à la vérité.

C'est par cette double puissance qu'elle a, non-seulement d'empêcher le mal, mais d'opérer le bien, non-seulement de détruire l'effet des fausses et pernicieuses croyances, mais d'en propager de vraies et de bienfaisantes, qu'elle est d'une efficacité supérieure mille fois à toutes les lois de censure et d'intimidation. S'il est à nos yeux une vérité démontrée, une vérité qu'on ne saurait trop redire, c'est qu'une chûte inévitable et prochaine attend chez nous tout gouvernement qui se bornera à surveiller la presse de l'opposition, à la maintenir, même sévèrement, dans les limites légales, à lui opposer en un mot une résistance passive, au lieu de la combattre avec une active et incessante énergie, en élevant presse contre presse, tribune contre tribune, en parlant aussi haut et plus haut qu'elle, et en la réduisant par-là à son véritable rôle, qui est d'éclairer et non d'entraver ou d'arrêter sans cesse la marche du gouvernement.

La presse l'emporte encore, sous un autre rapport, sur les lois préventives ou répressives, en ce qu'elle est exempte des graves inconvéniens attachés à celles-ci, inconvéniens qui consistent principalement — dans la réprobation publique dont elles sont frappées, — dans les haines qu'elles suscitent contre les hommes chargés de concourir à leur exécution, — dans l'intérêt qu'inspire celui qu'elles atteignent, — et dans le penchant que l'on a généralement à considérer comme vraies des opinions que l'autorité trouve plus commode de proscrire que de réfuter.

La nécessité d'organiser promptement une presse gouvernementale puissante n'est pas indiquée seulement, comme on vient de le voir, par la nature même du mal auquel il faut porter remède, et par l'inutilité des palliatifs employés jusqu'ici. Cette nécessité est encore indiquée aux dépositaires du pouvoir par la nature de la mission qu'ils sont appelés à remplir.

Quel est, en effet, le premier, le plus impérieux de leurs devoirs? C'est assurément la surveillance et la direction de l'opinion publique; car si cette opinion s'égare, il peut en résulter de longues calamités. Du jour où il cesse de diriger l'opinion, le gouvernement cesse d'être gouvernement, il n'est plus en réalité qu'un des rouages de la machine administrative; le véritable gouvernement est ailleurs.

Eh bien! n'est-ce pas là ce qui a lieu aujourd'hui? L'opinion publique n'est-elle pas dominée, entraînée par la presse opposante? Le gouvernement n'est-il pas constamment violenté et subjugué par elle? Ne consume-t-il pas inutilement ses forces à lui opposer une laborieuse mais courte résistance? N'est-il pas condamné à subir, malgré lui, la mobilité de ses fluctuations, l'irrégularité de ses mouvemens, le joug de ses caprices, le despotisme de ses préjugés et de ses passions? Au lieu d'être directeur n'est-il pas dirigé?

Et s'il lui reste encore quelque ombre d'autorité, à quoi le doit-il? Est-ce à sa propre force, à sa propre énergie? Non, il le doit seulement à la division qui règne entre les feuilles des diverses oppositions. Que cette division vienne à cesser, par hasard, un instant, qu'il s'établisse entre elles un accord concerté, ou que l'une d'elles parvienne, un jour ou l'autre, à acquérir sur ses rivales une prépondérance considérable, et aussitôt le faible reste d'autorité gardée par les représentans légaux du pouvoir, s'échappe de leurs mains, et une force redoutable, sans frein, sans contre-poids, échoit à quelques journalistes obscurs, dont rien ne garantit les lumières, dont rien n'atteste l'esprit d'ordre, et qui se trouvent, par leur obscurité même, à l'abri de toute responsabilité, même purement morale!

Il y a là un danger imminent que peut seule conjurer la création d'une forte presse gouvernementale.

Un autre devoir du gouvernement, devoir non moins important que celui de diriger l'opinion, c'est de concourir de toutes ses forces à l'instruction et à la moralisation du peuple. Or, est-il, je le demande, pour atteindre ce grand résultat, un moyen plus utile, une voie plus sûre et plus prompte, une ressource plus féconde, que la publication quotidienne d'une feuille habilement rédigée et profusément répandue? Elle instruirait sans produire la fatigue ; elle moraliserait sans faire naître l'ennui ; elle s'adresserait à tous les âges, à toutes les conditions ; son influence s'exercerait au loin et à tous les instans. Ses bienfaits seraient inappréciables.

Comment donc concevoir que le gouvernement s'obstine à négliger un tel moyen d'instruction, un tel élément d'ordre et de civilisation? Comment concevoir qu'il en abandonne insoucieusement l'emploi aux hommes de l'opposition? Quoi! voilà une tribune du haut de laquelle il peut énergiquement combattre ses ennemis, établir sa légitimité, justifier ses actes, protéger ses agens ; du haut de laquelle il peut faire entendre aux peuples la voix de la modération et de l'ordre ; du haut de laquelle il peut inspirer aux riches la charité, aux pauvres le courage, à tous le sentiment de leur fraternité ; et cette tribune élevée, il la déserte ; cette position éminente, il laisse d'autres s'en emparer ; il croit avoir mieux à faire qu'à instruire et à moraliser ; il sait un plus précieux emploi du temps ; il se tait, pendant que ses ennemis prêchent à loisir les doctrines les plus subversives, fomentent les haines des partis, animent les unes contre les autres les diverses classes des citoyens, et provoquent la guerre civile ; il semble ne connaître d'autre devoir à remplir dans l'intérêt de l'ordre et de la société, que d'attendre en silence et pour ainsi dire l'arme au bras, que l'insurrection, long-temps préparée, vienne enfin audacieusement lui présenter la bataille.

Cette inertie du gouvernement, cette persistance funeste à laisser prédominer la voix de l'opposition, ne saurait durer davantage.

C'est assez des malheurs qu'elle a produits ; il faut songer à en prévenir le retour ; il faut songer à transformer enfin en une arme protectrice, à élever au rang d'une institution gouvernementale, cette presse aujourd'hui si redoutée, si hostile, si désorganisatrice.

Mais cette transformation est-elle possible ? ne l'a-t-on pas tentée plusieurs fois vainement ? Oui, elle est possible ; mais à des conditions qui ne se rencontrent point dans les essais faits jusqu'ici, et dont l'absence explique l'insuffisance et l'inutilité de ces tentatives.

Trois conditions essentielles doivent concourir pour investir la presse gouvernementale de l'influence dont elle a besoin. — Il faut lui donner : 1º une haute importance politique ; — 2º un grand intérêt philosophique, scientifique et littéraire ; — 3º une immense publicité.

1º. *Importance politique*. Pour lui assurer cet avantage, il est d'abord nécessaire de substituer un journal *unique* à la pluralité des feuilles ministérielles qui existent aujourd'hui, et dont chacune exprime plutôt la pensée individuelle de l'un des ministres, que celle du ministère tout entier. — Au moyen de cette substitution, il y aurait moins d'hésitation dans les esprits sur la marche et la direction du gouvernement ; — cette marche paraîtrait plus suivie, plus arrêtée, moins vacillante ; — les soupçons, les inquiétudes vraies ou feintes auraient moins de motifs ou de prétextes ; — on détruirait un germe de division entre les ministres, un moyen illégitime de prépondérance des uns sur les autres ; — on cesserait de donner aux dissentimens qui peuvent survenir entre eux un retentissement dont l'effet est souvent de faire naître ou d'aigrir de fâcheuses rivalités, et toujours de déconsidérer le pouvoir aux yeux du peuple.

Le journal dont il s'agit doit être en second lieu le dépositaire *avoué* et *légal* de la pensée politique du gouvernement. Il faut que le soin de sa rédaction et de sa publication constitue l'attribution spéciale de l'une des divisions d'un département ministériel, ou même soit l'une des fonctions inhérentes à la présidence du conseil; il faut que cette publication ait lieu *avec la signature* de l'un des ministres, et *sous la responsabilité* de tous; il faut, en un mot, que le gouvernement ne dédaigne point de se faire journaliste; qu'il s'empresse de profiter de tous les avantages, de toutes les ressources en son pouvoir, pour donner à son journal la plus grande importance; et que la responsabilité ministérielle vienne offrir une garantie contre les abus qu'il serait tenté de commettre dans l'emploi de ce nouveau moyen d'influence et d'action. Ces idées qui, peut-être, paraîtront d'abord exagérées et bizarres, perdront bientôt, je le pense, ce caractère, quand on réfléchira suffisamment qu'il n'y a désormais de force pour les gouvernemens que dans l'assentiment de l'opinion publique; que la voie du journalisme est sans contredit la plus sûre et la plus rapide pour éclairer cette opinion, pour obtenir cet assentiment; qu'il est donc indispensable de donner toute l'autorité, toute l'importance possible, à la presse ministérielle; et que, pour arriver à ce but, il ne saurait y avoir de moyen plus efficace pour le gouvernement que de se constituer lui-même journaliste, et de rehausser ainsi la dignité de cette fonction, en lui donnant le caractère éminent de fonction gouvernementale.

Du reste, c'est moins encore de son caractère officiel, de la position élevée et du talent de ses rédacteurs, que la feuille du gouvernement devra tirer sa véritable importance, que de la sagesse et de la sincérité de ses doctrines, et de la scrupuleuse exactitude des faits qui y seront consignés.

Établir fortement les théories sociales, combattre avec énergie les systèmes dangereux, repousser sans retard et sans relâche les erreurs ou les calomnies, exercer sur l'esprit public une salutaire influence, une autorité directrice, tel doit être son but invariable. A cet égard, les journaux ministériels actuels sont d'une insuffisance manifeste. L'un, très-précieux sans doute comme collection complète des actes de l'autorité et des discours prononcés dans nos assemblées, est absolument sans action sur l'opinion, attendu que l'immensité de ses colonnes inspire un effroi universel et les met à l'abri de la plus intrépide curiosité. Les autres, dénués d'un caractère franchement officiel, ne recevant de l'autorité que des communications incomplètes ou tardives, une coopération insuffisante, rédigés d'ailleurs sous des inspirations et dans des vues diverses, et par des écrivains qui s'abstiennent trop souvent de garantir, par leur signature, la sincérité de leurs opinions, n'ont dû, par cela même, obtenir du public qu'un faible et douteux assentiment.

2°. *Intérêt scientifique et littéraire.* Rien ne serait, ce semble, plus utile et plus facile à la fois, que d'augmenter encore l'influence du journal dont je parle, en joignant à son importance politique le plus haut dégré d'intérêt scientifique et littéraire. Quel homme éminent dans les sciences, les lettres ou les arts, refuserait son concours à cette grande entreprise? Quel mode plus prompt de publication les écrivains et les savans pourraient-ils désirer pour leurs nobles travaux? Quelle tribune plus accessible et plus retentissante pourrait leur être ouverte?

3°. *Publicité.* Il serait également de la plus grande facilité d'assurer à la feuille dont il s'agit, une publicité sans égale et jusqu'ici inouie, en la faisant répandre *gratuitement* et à profusion sur tous les points de la France, en l'adressant à chaque administration, à chaque municipalité, à chaque établissement ou lieu public, et enfin en chargeant les autorités locales de veiller, autant qu'il serait en elles, à ce que cette publicité fût le plus étendue possible.

Ainsi donc, un journal distribué à profusion et *gratuitement* (j'insiste sur cette condition); un journal qui soit, en matière politique, l'expression avouée de la pensée du gouvernement; qui annonce hautement l'intention d'être le directeur et le modérateur de l'opinion, et qui le soit en effet par la sagesse et la bonne foi de ses doctrines; — un journal qui paraisse avec la signature et sous la garantie de la responsabilité des ministres, au lieu de n'être, comme il arrive souvent, que l'œuvre anonyme et sans autorité d'un écrivain subalterne; — un journal qui, s'étendant hors du cercle de la politique, enregistre avec soin dans son cadre encyclopédique, les découvertes des sciences, les mouvemens des littératures, les progrès des arts, les modifications des mœurs, et qui, par cette variété de matières, soit de nature à captiver toutes les intelligences; — un journal enfin qui soit propre à la fois à fortifier l'autorité et à éclairer et moraliser le peuple : voilà ce que je demande ; voilà, j'en suis convaincu, la seule puissance capable de calmer l'effervescence des esprits, de les rallier à des doctrines communes et de prévenir par-là d'imminentes catastrophes, d'incalculables malheurs.

Quelle ne serait pas l'influence immense d'une telle publication ! Donner au pouvoir plus d'ascendant et de fixité, et partant plus de loisirs pour s'occuper enfin avec une ardente et constante sollicitude du sort déplorable des classes pauvres ; ruiner les ressources et les espérances des factions ; modérer l'agitation fiévreuse des esprits ; assurer au commerce une heureuse sécurité ; guider l'industrie dans ses efforts ; faire pénétrer l'instruction dans les derniers rangs de la société ; établir entre les citoyens une fraternelle et puissante sympathie d'idées et de sentimens, source de bonheur pendant la paix, élément de force en cas de guerre, mobile capable de produire, au premier signal de danger, une électrique rapidité d'élan, une unité et une intensité d'action irrésistibles : tels seraient, à n'en pas douter, ses principaux effets. Oui, je ne crains pas de le dire, celui-là dotera le monde d'une des plus grandes et des plus fécondes institutions, qui le premier organisera une telle presse, mettra en mouvement un pareil levier.

Maintenant, quels obstacles pourrait rencontrer la réalisation de cette institution, aux yeux du moins de ceux qu'une malheureuse disposition d'esprit ne condamne point à voir dans toute innovation une folie téméraire, et dans toute difficulté à vaincre, une impossibilité absolue?

Pourrait-on raisonnablement douter qu'une publication *gratuite* de la nature et de l'importance de celle dont il s'agit, ne réunît tous les élémens d'un succès certain, et ne dût triompher rapidement des préjugés étroits, des puériles antipathies qui, peut-être, l'accueilleraient au début?

Serait-on effrayé, au contraire, de la puissance excessive dont elle tendrait à investir le gouvernement? Mais cette puissance trouverait un suffisant contre-poids, soit dans l'influence contraire des feuilles de l'opposition, soit dans le contrôle et l'autorité des Chambres.

Hésiterait-on à faire le sacrifice de quelques sommes d'argent? Mais est-ce bien le cas de songer à l'économie annuelle de quelques centaines de mille francs, quand il s'agit de venir puissamment en aide à la société menacée, quand il s'agit de la soustraire peut-être à d'affreux déchiremens, à de longues convulsions? On verra d'ailleurs, si l'on veut y réfléchir, que ce sacrifice serait infiniment moindre qu'on ne serait tenté de le supposer, d'abord, vu la suppression de toutes les subventions accordées aujourd'hui aux feuilles ministérielles, — le concours gratuit d'un grand nombre de collaborateurs, — les sommes que l'on pourrait réaliser, en consacrant, si on le jugeait convenable, une partie du journal à des publications et annonces faites dans des intérêts privés, et enfin le montant des abonnemens que souscriraient les

personnes, en grand nombre sans doute, qui aime-
raient mieux avoir en leur possession un exem-
plaire du journal, que d'aller consulter celui déposé
dans les lieux publics.

Du reste, fallût-il consacrer plusieurs millions à
la presse dont je parle, c'est, dans l'état actuel des
choses, un devoir de jour en jour plus impérieux pour
les ministres d'en demander l'allocation, et pour les
Chambres de l'accorder. Les ravages de la presse
opposante vont croissant. Il n'y a pas, je le répète,
d'institution conservatrice qu'elle n'ait profondément
ébranlée; pas de personnage politique, quel qu'il soit,
dont elle n'ait odieusement terni le caractère, affaibli
la considération; pas de passions aveugles et fanati-
ques qu'elle n'ait galvanisées. Si donc, en de telles
circonstances, il était possible que, par un étroit et
funeste esprit d'économie, on hésitât encore à lui
opposer la seule digue capable de la réprimer; s'il
était possible qu'on crût payer trop cher, par le sacrifice de quelques millions, le raffermissement du
pouvoir, le repos de la société, l'instruction et la moralisation du peuple; il ne resterait plus alors aux
hommes prévoyans qu'à déplorer le vertige dont seraient frappés les gouvernans, à regarder agoniser la
monarchie, à dire adieu à l'ordre et aux institutions
libérales, et enfin à attendre le retour désirable d'un
despotisme puissant, qui fît cesser le désordre au
prix même de la liberté.

Craindrait-on de blesser par la publication que je
réclame, les intérêts de quelques entrepreneurs de

journaux? Sans doute, il conviendrait de prendre toutes les mesures capables de diminuer la lésion qui menacerait quelques fortunes particulières. Mais assurément la considération d'un dommage incertain et partiel ne saurait être un instant, pour aucun esprit droit, un motif de repousser une institution désormais nécessaire au maintien des plus grands intérêts de la société entière.

Redouterait-on enfin que la chûte probable de plusieurs journaux, dans l'hypothèse de la réalisation du projet dont je parle, laissât tout-à-coup sans travail et sans pain une classe nombreuse d'ouvriers? Erreur, car la vaste publication d'un journal ministériel, tel que je le conçois, exigerait le concours d'un plus grand nombre d'hommes que ne le fait aujourd'hui la publication des vingt journaux les plus répandus.

Résumons, en quelques mots, ce qui vient d'être dit : Pour reconquérir l'autorité morale dont il a besoin, et sans laquelle il ne dispose que d'une force matérielle insuffisante et précaire, le gouvernement doit, d'une part, atténuer l'influence démesurée de la presse opposante, et, de l'autre, faire prévaloir une influence contraire. Il ne saurait atteindre l'un et l'autre but, le bon sens et l'expérience le disent, en persévérant dans le système aujourd'hui suivi. Ce système est défectueux sous deux principaux rapports ; premièrement, en ce qu'il ne consiste que dans l'adoption de mesures purement *défensives*, destinées à restreindre la puissance des adversaires du gouvernement, plutôt qu'à étendre et développer celle de celui-ci, et propres, en un mot, à atténuer un mal plutôt qu'à opérer un bien; — secondement, en ce qu'il tend à ne protéger l'ordre de choses actuel que contre une partie seulement des dangers qui le menacent, c'est-à-dire contre l'action violente de l'opposition extra-constitutionnelle, et nullement contre l'action plus lente, mais plus sûre, de l'opposition légale. Nul remède à ce double inconvénient ailleurs que dans l'organisation d'une vaste presse gouvernementale. Elle seule peut fournir à la fois d'énergiques moyens de résistance et d'action; elle seule peut en même temps repousser les faux principes et propager les idées vraies; elle seule peut faire face à tous les périls prochains ou éloignés, dissimulés ou patens. — Mais à quelle condition lui est-il donné de produire de tels résultats? A la condition qu'on lui donne une importance, un intérêt, une publicité qu'elle n'a point eus jusqu'ici; à la condition qu'on la considère comme le principal moyen de gouvernement; que la rédaction de la feuille officielle soit l'œuvre avouée des premiers fonctionnaires de l'Etat; que cette feuille soit écrite sous la double inspiration de la sincérité et du talent; qu'à son importance historique et politique, elle joigne une valeur scientifique incontestable, un grand intérêt littéraire; qu'elle devienne, par le concours des hommes les plus illustres, une œuvre monumentale; et qu'elle obtienne enfin, par son importance et par sa gratuité, une publicité sans exemple et pour ainsi dire indéfinie. — La réunion de toutes ces conditions est indispensable, si l'on ne veut point aboutir, comme on l'a déjà fait, à d'infructueuses tentatives. Aucune d'elles n'est d'ailleurs au-dessus des efforts d'une volonté sérieuse qui comprendra l'imminence des dangers à conjurer, la grandeur du but à atteindre, l'efficacité de la mesure dont il s'agit, et l'impuissance démontrée de toute autre.

Je ne pousserai pas plus loin ces courtes réflexions. Puisse l'idée qui en fait la base échapper à une dédaigneuse inattention, à des préventions irréfléchies ; puisse-t-elle n'être point rejetée sans examen, comme une vaine utopie ; puisse-t-elle obtenir l'assentiment de quelque homme de cœur et de talent, qui la corrige, s'il y a lieu, la développe, la vulgarise et hâte ainsi la création d'une institution éminemment gouvernementale et civilisatrice !

Paris, mai 1837.